Muchos besos

Patxi Zubizarreta / Jokin Mitxelena

sm

BESO DE ESPERANZA.

B ESO DE BIENVENIDA.

BESO SONORO.

BESO CELOSO.

Beso protector.

CHAPARRÓN DE BESOS.

9

BESO CON GAFAS.

BESO ANIMAL.

11

BESO PELUDO.

12

BESO OBLIGADO.

13

Beso mágico.

BESO SANADOR.

Beso para la escuela.

BESO DE ÁNIMO.

BESO IMPACIENTE.

BESO DE CRISTAL.

No hay beso.

BESO DE LA PAZ.

Beso desconocido.

BESO CONOCIDO.

BESO PARA PEQUEÑOS.

BESO PINTADO.

BESO DE ACTRIZ.

BESO DE PELÍCULA.

BESO ROBADO.

BESO PARA MÍ.